Wolfgang Schnepper

Jugendußball: Aufstieg in die Leistungsklasse leicht gemacht

Wolfgang Schnepper, Jahrgang 1964, Diplomsportlehrer,
Ex-Bezirksligaspieler im Fußball,
Fußballabitur mit der Note "sehr gut"
1988-89 in der deutschen Triathlonspitze,
1990 Bayerischer Meister im Body-Building,
1998 Konditionstrainer im bezahlten Fußball
2003 - 2006 Sportlehrer an einer Gesamtschule

Bibliografische Informationen der Deutschen
Nationalbibliothek: Die Deutsche Nationalbibliothek
verzeichnet diese Publikation in der Deutschen
Nationalbibliografie; detaillierte bibliografische Daten sind
im Internet über http://dnb.d-nb.de abrufbar.

©2022 Wolfgang Schnepper
Herstellung und Verlag: Books on Demand
Norderstedt
Satz und Layout: Wolfgang Schnepper

ISBN 978-3-7557-8243-8

Inhalt

Vorwort

Mit sehr einfachen Trainingsübungen und anderen diversen Maßnahmen können Sie mit einer durchschnittlichen Kreisliga-Mannschaft der A- oder B-Jugend in die Leistungsgruppe aufsteigen.

Trainerinnen und Trainer brauchen sich hierbei nur auf spezielle Grundtechniken und wesentliche konditionelle Faktoren zu konzentrieren. In dieser Gruppe gibt es zwar hervorragende Techniker oder auch perfekt austrainierte Athleten, doch ist dies nicht die Regel. Viele Spieler und Spielerinnen haben große technische und / oder konditionelle Defizite. Mit einfachen Grundübungen kann die Trainerin oder der Trainer das in relativ kurzer Zeit beheben, und mit einer durchschnittlichen Mannschaft den Aufstieg erreichen.

Zusätzlich kann dies mit besonderen Verhaltensweisen und psychologischen Aspekten perfektioniert werden.

Dieser ganze und simple Ablauf wird in diesem Buch deutlich beschrieben.

Im ersten Kapitel dieses Buches starten wir mit einfachen Grundtechniken und kognitiven Fähigkeiten, die jeder Spieler in der Kreisliga beherrschen sollte. In der Realität besitzen allerdings nur etwa 10 Prozent aller Kreisliga-Spieler aus der A- und B-Jugend diese Fähigkeiten.

Nach einigen Wochen speziellen Trainings ist hier fast jeder Spieler in der Lage, die Grundtechniken perfekt auszuführen. Nun ist ein direkteres, genaueres und schnelleres Spiel möglich. Der Gegner ist überfordert, als wenn er gegen eine Mannschaft spielt, die ein bis zwei Ligen höher steht.

Nach diesem Kapitel werden dann die konditionellen Aspekte abgehandelt usw.

 # Kognitive Fähigkeiten

Erhöhung der fußballspezifischen kognitiven Fähigkeiten

Durch ein spezielles kognitives Training werden die Konzentration und die Geschwindigkeit im Wettspiel von Handlungen und Entscheidungen von Spielern oder Spielerinnen wesentlich erhöht.

Hier setzen wir Übungen ein, bei denen die Fußballer auf mehrere Dinge gleichzeitig achten müssen. So wird es ihnen im Spiel auch leichter fallen, zum Beispiel den Ball zu führen und trotzdem die Übersicht nicht zu verlieren oder den Vorteil eines Doppelpasses schneller zu erkennen.

Die Übungen können in ein Stationentraining eingebaut werden. Ich mache Ihnen hier einige Übungsvorschläge, Sie können aber auch eigene Übungen einbauen, die ihrer Kreativität entsprungen sind.

a) Zwei Spieler passen sich den Ball direkt zu und sollen dabei die Zahlen in 2er-Schritten vorwärts zählen.

b) Jetzt sollen die Spieler in 2er-, 3er oder 4er Schritten rückwärts zählen.

c) Die zwei Fußballer sollen beim direkten Passen die Primzahlen chronologisch ab "2" aufzählen.

d) Ein Spieler steht in der Mitte, vor und hinter ihm steht jeweils ein Spieler mit einem Abstand von 10 Metern.
Der erste Außenspieler passt den Balll zur Mitte, der Spieler in der Mitte passt den Ball sofort zurück und dreht sich sofort um 180 Grad.

Kognitive Fähigkeiten

Jetzt wirft der andere Außenspieler den Ball hoch zu und der Spieler in der Mitte köpft den Ball zurück und dreht sich erneut um 180 Grad usw.

Nach etwa einer Minute werden die Aufgaben getauscht. Es empfiehlt sich, mehrere Bälle für die Außenspieler bereitzustellen, falls es zu Fehlpässen kommt. Unnötige Pausen können so vermieden werden.

e) Zwei Spieler passen sich den Ball direkt zu. Beim Passen gibt der Passgeber an, wie der Pass zurückgespielt werden soll, mit Vollspann. Innenseitstoß oder Außenspann.

f) Die vorige Übung wird wiederholt, aber jetzt soll jeder mit seinem "schwachen" Fuß passen.

g) Jetzt muss abwechselnd mit dem linken oder rechten Fuß gespielt werden.

b) Alle Spieler (6 bis 12) stehen in einem Viereck oder Kreis, die Entfernung zum Spieler direkt gegenüber beträgt dabei 10 bis 15 Meter. Beginnen wir mit einer leichten Variante. Es ist nur ein Ball im Spiel, und die Spieler sollen sich nur den Ball relativ zügig und ohne bestimmter Reihenfolge zuspielen.

Wir erhöhen den Schwierigkeitsgrad. Beim Zuspiel muss zuvor der Name des Passempfängers vom Passspieler laut gesagt werden.

Jetzt wird die erste Übung mit zwei Bällen gleichzeitig wiederholt.

Kognitive Fähigkeiten

Die letzte Variante ist mit einem sehr hohen Schwierigkeitsgrad verbunden. Die vorige Übung wird wiederholt, aber diesmal befindet sich noch ein Gegenspieler in dem Kreis oder dem Viereck. Dieser hat die Aufgabe einen Ball zu erobern oder nur zu berühren. Bei Erfolg tauscht er die Rolle mit dem Passgeber. Der Gegenspieler kann natürlich auch in allen vorangegangenen Übungen eingesetzt werden.

f) Bei einem Torschusstraining sollen die Spieler kurz vor dem Torschuss angeben mit welcher Schusstechnik sie abschließen, also Innenseitstoß, Vollspannstoß usw.

g) Jetzt sollen sie angeben, wo genau der Ball im Tor einschlagen soll.

h) Der Fuß mit dem geschossen werden soll, wird kurz vor dem Torschuss genannt.

I) Beim höchsten Schwierigkeitsgrad geben die Spieler zwei oder sogar drei der vorher genannten Aufgaben vor dem Torschuss an.

j) Es werden Dribbel- und Slalomparcours in Wettkampfform zweier Mannschaften absolviert.
Beim zweiten Durchgang wird der Ball aber nicht nur geführt, sondern ein zweiter Ball muss gleichzeitig mit den Händen rund um den Hüftbereich gekreist werden.

Übersicht

Zu den fußballspezifischen kognitiven Fähigkeiten gehört natürlich auch die Übersicht und das Spielverständnis. Auch dies lässt sich zum Beispiel durch die folgenden Übungen trainieren:

Hier stellen wir eine Übung zur Förderung der lokalen Übersicht und zum Ausdauertraining mit und ohne Ball im Wechsel vor. Diese Übung ist für 8 Spieler gedacht und erlaubt, viele verschiedene Arten des Dribblings zu üben.
Dadurch, dass sich 4 Laufwege kreuzen, wird die Übersicht der Spieler gefördert.

Übungsaufbau: Es wird ein Quadrat mit Stangen abgesteckt. Die Seitenlänge beträgt ca. 20 Meter. Innerhalb des Quadrats wird ein weiteres Quadrat mit Pylonen aufgebaut.

Kognitive Fähigkeiten

Die Stangen werden mit jeweils 2 Spielern besetzt.
Pro Gruppe 2 Bälle.

Übungsablauf: Die Spieler sind bereits aufgewärmt.
Der jeweils 1. Spieler jeder Gruppe startet zum entferntesten
Hütchen und wieder zurück. Von dort aus zur nächsten Stange (
siehe Grafik).
Der 2. Spieler startet nachdem der 1. angekommen ist.

Dies wird solange wiederholt, bis jeder Spieler an seiner
Ausgangsposition angekommen ist.
Als nächstes wird der Ball z.B. mit dem Außenrist geführt usw. (Hier
können alle möglichen Dribblings eingesetzt werden).

Variationen:
Die Spieler führen den Ball nicht zum entferntesten Hütchen,
sondern zum nahe gelegensten Hütchen.
Das Ganze wird als Wettkampf durchgeführt. (Hierbei laufen die
Spieler jedoch nicht zur nächsten Stange).

Übung zur Verbesserung der lokalen Übersicht des Stürmers

Kognitive Fähigkeiten

Grundsätzlich hat der zentrale Stürmer in Höhe der Strafraumlinie mehrere Möglichkeiten, seine Laufwege zu gestalten. Vor der Übung sollte der Trainer diese Möglichkeiten (vertikal, diagonal und horizontal) aufzeigen.

Übungsaufbau: Siehe Grafik

Übungsablauf:

- Der zentrale Stürmer im Viereck versucht sich vom Verteidiger zu lösen und einen Passweg innerhalb des Vierecks zu schaffen (der erste Pass an den zentralen Stürmer muss innerhalb des Vierecks angenommen werden!!!).

- Der Mitspieler mit Ball spielt den Pass zum zentralen Stürmer oder zu den Außenstürmern.

- Bekommt der zentrale Stürmer den Ball, kann er direkt abschließen oder einen Außenstürmer bedienen.

- bedient er einen Außenstürmer, so kann er das Viereck verlassen und die Flanke verwerten.

 # Kognitive Fähigkeiten

Dribbeln im Viereck

Es folgt eine weitere Übung mit der die Übersicht erhöht werden kann, fangen wir mit einer leichten Variante an. Ein Feld wird abgesteckt und dabei der Spieleranzahl angepasst. In diesem Feld bekommt jeder einen Ball. Dieser soll geführt werden, ohne dass ein Mitspieler dabei behindert oder von einem anderen Ball berührt wird. Die Ausführung bestimmter Finten wird in diesem Aufwärmprogramm eingebaut. Diese Übung wird etwa nur zwei Minuten praktiziert, da sonst schnell Langeweile auftritt.

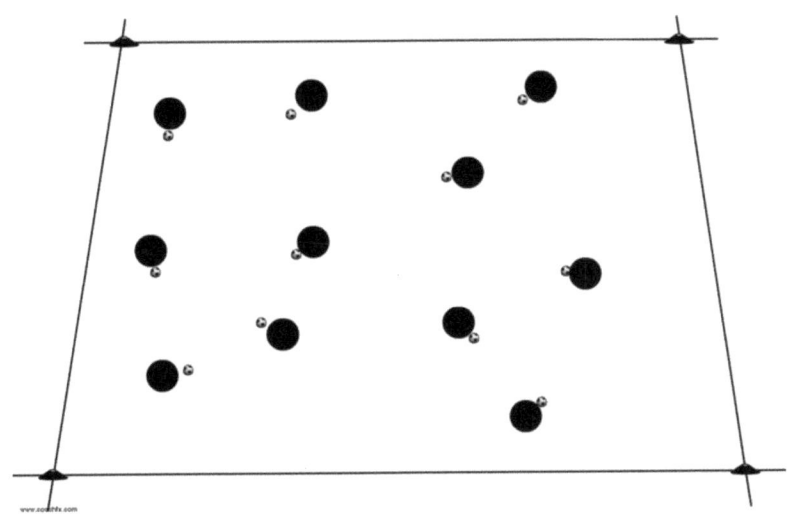

Variante: Nach dieser kurzen Übung kommen wir zur eigentlichen Trainingsform. An jeder Seitenlinie steht jeweils ein Spieler, der als Anspielstation für die Spieler im Feld mit Ball dient. Die vier Außenspieler stehen dabei jeweils fünf Meter hinter der Seitenlinie, und wie erwähnt zentral.

Im Feld dribbelt wieder jeder Spieler mit Ball. Der Trainer oder die Trainerin ruft nun den Vornamen eines ballführenden Spielers. Dieser soll nun so schnell wie möglch den Ball in diesem "Durcheinander" zu einem Außenspieler passen. Jener wiederum passt so schnell wie möglich zu seinem Passgeber zurück. Mit der Zeit werden die Vornamen der zentralen Spieler immer schneller aufgerufen.

Die letzte Steigerung besteht darin, dass die äußeren Anspielstationen mit einem Doppelpass zum ursprünglichen Passgeber erwidern müssen.

Kognitive Fähigkeiten

3 gegen 3 mit einer festen Anspielstation

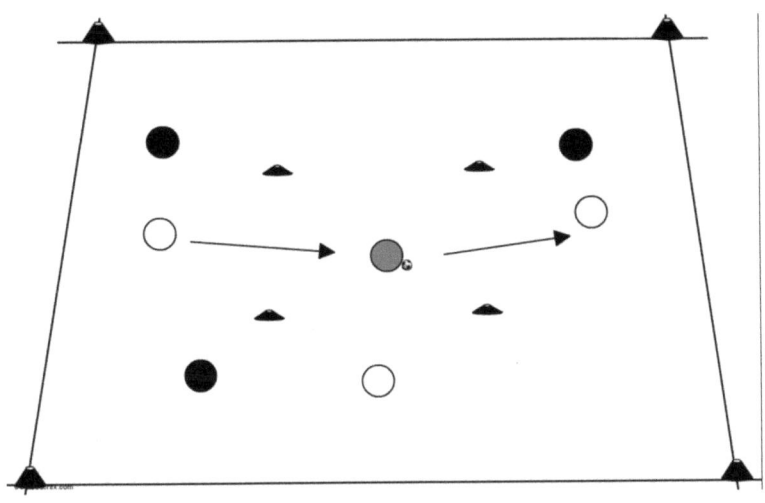

Übungsaufbau und Übungsablauf: Im abgesteckten Viereck spielen 3 gegen 3. Das mittlere kleine markierte Viereck darf nur vom neutralen Spieler betreten werden. Bei jedem 2. Pass muss der neutrale Spieler angespielt werden. Pässe durch das mittlere Viereck sind nicht erlaubt, wenn der neutrale Spieler nicht angespielt wird. Zuerst 3 Ballkontakte, dann 2 und 1.

Grundtechniken

Alle Übungen, die hier aufgeführt werden, sollten in einem Stationentraining Anwendung finden (pro Einheit fünf bis zehn der hier geschilderten Übungen). Die Dauer pro Übung beträgt in der Regel drei bis fünf Minuten. Der gesamte Zirkel kann bis zu 45 Minuten in Anspruch nehmen.
Das Stationentraining wird mindestens einmal pro Woche eingebaut. Die verwendeten Übungen werden regelmäßig gewechselt. Schon nach einigen Wochen hat sich die Balltechnik aller Spieler wesentlich verbessert.

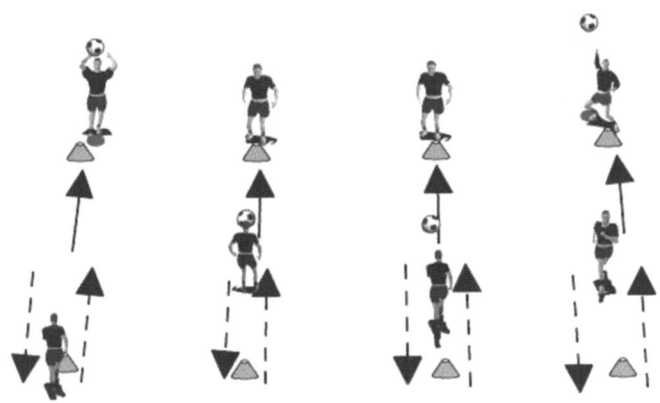

Top-Übung zum Techniktraining

Nahezu jede der hier aufgeführten Schuss- und Kopfballtechniken kann mit dieser Übung trainiert werden.

Übungsaufbau:

2 Hütchen werden im Abstand von 15 bis 20 Metern aufgestellt. Jedes Hütchen wird mit einem Spieler besetzt. Eine Seite mit Ball, die andere ohne Ball.

Übungsablauf:

Der Spieler ohne Ball trabt in Richtung seines Übungspartners, der ihm den Ball z.B. hüfthoch entgegenwirft. (Der Ball sollte so geworfen werden, dass er ca. 5 Meter vor dem Werfenden angenommen oder zurückgespielt werden kann.) Der Spieler ohne Ball spielt den Ball, in unserem Beispiel, direkt mit dem Innenriss zurück. Danach trabt er wieder in Richtung seines Hütchens und

wendet an diesem. Jetzt läuft er wieder in Richtung seines Übungspartners und wiederholt die Übung 5-10-mal. Danach werden die Aufgaben getauscht. Hier können viele Techniken geschult werden mit je 5 -10 Wiederholungen (Rückpass mit dem Vollspann, Kopf usw.).

Die gleiche Übung wird nun mit einem regulären Einwurf wiederholt. Der werfende Spieler hat immer mehrere Bälle zur Verfügung, so dass nach einem Fehlpass die Übung nicht unterbrochen werden muss.

Die elementare Grundübung wird immer wieder trainiert, bis alle Spieler diese Basistechnik beherrschen. Hiernach können wir eine komplexere Grundübung einbauen, die auch von allen Kreisligaspielern nach einiger Zeit perfekt durchgeführt werden kann.

Komplexere Grundübung

Es werden Dreiergruppen gebildet und der Schwierigkeitsgrad erhöht. Der erste Spieler wirft ein, der zweite passt direkt auf den dritten Spieler der Gruppe, der wiederum auf ein besetztes Tor zuläuft, und aus etwa 16 Meter Entfernung mit einem Torschuss abschließt (siehe Abbildung nächste Seite). Danach startet die nächste Dreiergruppe. Die Übung wird auch bei ungenauem Passspiel bis zu Ende durchgeführt, und in der Regel nicht in einem Stationentraining eingebaut.

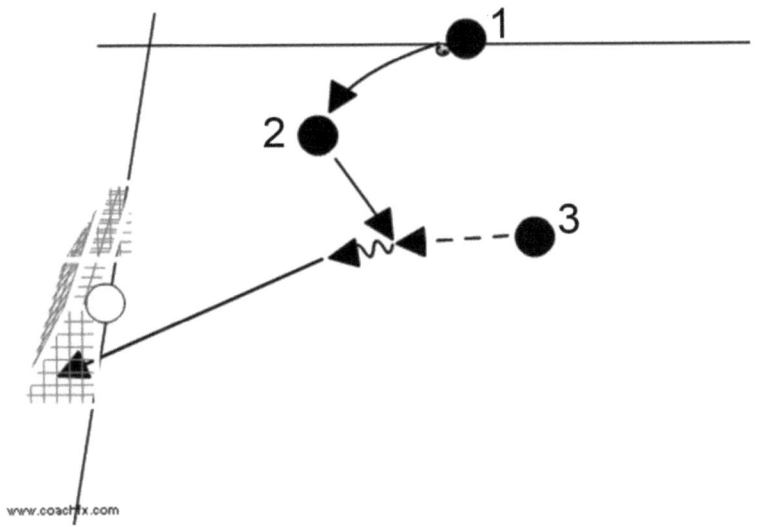

Die vorige Übung wird jetzt leicht verändert. Vor dem Torabschluss wird mit einem „festen" Zuspieler noch ein Doppelpass gespielt und der direkte Abschluss gesucht.

Grundtechniken

Weitere Basisübung für ein Stationentraining

Die folgenden elementaren Übungen sollten immer wieder ins Training eingebaut werden, um z.B. eine Ballsicherheit im Kurzpassspiel zu garantieren.

Übungsaufbau

Zwei Hütchen werden im Abstand von 15 – 30 Metern aufgestellt. Die Entfernung ist abhängig vom Alter und Leistungsstand. Jedes Hütchen wird mit einem Spieler und Ball besetzt.

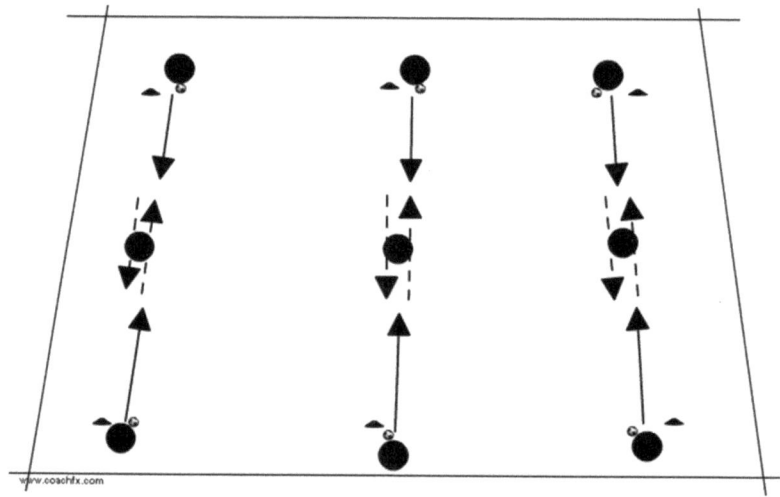

Grundtechniken

1. Übung

Der Spieler ohne Ball trabt von der Mitte in Richtung eines Mitspielers. Dieser spielt ihn flach an, der zentrale Spieler spielt den Ball flach mit der Innenseite direkt zurück, wendet, und läuft dem anderen Mitspieler entgegen. Auch der zweite Mitspieler spielt den Flachpass. Der Rückpass erfolgt wieder direkt mit dem Innenseitstoß, dann folgt wieder die Wendung usw.

Der zentrale Spieler wird häufig gewechselt.

2. Übung

Alle drei Spieler dürfen nur mit dem „schwächeren" Fuß passen.

3. Übung

Es wird abwechselnd mit dem linken und rechten Fuß gespielt.

4. Übung

Der Ball wird jetzt halbhoch von den Außenspielern zugeworfen. Der zentrale Spieler spielt den Ball direkt mit der Innenseite oder dem Vollspann zurück. Auch hier achten wir auf die beidfüßige Schulung.

5. Übung

Der Ball wird nun mit einem Einwurf ins Spiel gebracht und vom zentralen Spieler mit dem Kopf oder Fuß direkt zurückgespielt. Zwei Ballkontakte sind erlaubt, wenn der Ball vorher mit der Brust angenommmen wurde.

Grundtechniken

Stationentraining (Standardsituationen)

Der folgende Hauptteil des Trainings sollte im Laufe der Saison mehrmals eingebaut werden. Es werden hier an drei Stationen die Standardsituationen (Eckball, Elfmeter und Freistöße) trainiert. Dieses Zirkeltraining kann über 40 – 60 Minuten angesetzt werden.

Über Standardsituationen können Sie Spiele in der Kreisliga leicht für sich entscheiden. Bedenken Sie, der gegnerische Torwart befindet sich nicht auf Bundesliga-Niveau.

Mit einem gut trainierten Schützen können Sie jedes Spiel entscheiden. Aber die Standardsituationen müssen regelmäßig trainiert werden.

1.Station: Elfmeterschießen

Hier werden mindestens vier Fußballer eingesetzt. Bei einem verschossenen Elfmeter tauschen Torwart und Schütze ihre Positionen. Erst erfolgt ein „freies" Elfmeterschießen, dann mit Vorgaben, wie „links unten", „rechts oben", verzögerter Anlauf oder Schießen mit dem „schwachen" Fuß.

2. Station: Eckball

Jetzt benötigen wir mindestens drei Angreifer, zwei Verteidiger und einen Torwart (vier bis fünf Angreifer und drei bis fünf Verteidiger wären allerdings ideal). Es empfiehlt sich hier, den Stammtorwart auf seiner eigentlichen Position einzusetzen.

Trainiert werden alle möglichen Varianten einer Ecke. Haben die Abwehrspieler den Ball abgewehrt, die Stürmer verwandelt oder ins „Aus" geschossen, bzw. der Torwart gehalten, wird der nächste Eckball ausgeführt.

3. Station: Freistoßvarianten

Hier gilt: Je mehr Spieler ich zur Verfügung habe, desto mehr Freistoßvarianten können trainiert werden. Der zweite Stammtorwart wird hier im Tor eingesetzt.

Elementare Konterübung

Und hier eine weitere elementare Technikübung , die ideal in ein Stationentraining eingebaut werden kann. Trainieren Sie diese Konterübung, bis jeder Spieler diese nahezu perfekt einsetzen kann.

Diese Übung kann bereits ab der D-Jugend trainiert werden. Im Idealfall können zwei Mitspieler mit diesem Verhalten eine gesamte Hintermannschaft ausschalten.

Ein Fußballer dribbelt auf einen Mitspieler zu, etwa 20 Meter vor ihm spielt er einen genauen Flachpass. Der Mitspieler steht frontal zum Passgeber, läuft dem Pass entgegen, spielt direkt zurück, dreht sich blitzschnell um 180 Grad und läuft in die entgegengesetzte Richtung (im Idealfall in vollem Sprint). Der ursprüngliche Passgeber spielt nun einen gefühlvollen Vollspannstoß, ebenfalls direkt über den sich entfernenden Mitspieler in den Lauf.
Diese Übung hört sich für Einige vielleicht sehr einfach an, ist aber in der Praxis sehr schwierig umzusetzen und erfordert in den Jugendklassen und unteren Amateurklassen sehr viel Geduld.
Die Übung wird anfangs langsam durchgeführt und häufig wiederholt. Die Ausführung dieser Übung empfiehlt sich auf Rasen oder Kunstrasen, da der Ball hier „tiefer getroffen wird" und bei einem Scheitern des Vollspannstoßes der Ball weniger weit rollt.

In der Praxis muss dieser Pass natürlich nicht immer mit dem Vollspannstoß geschlagen werden. Es gibt viele Spieler, die diese Situation besser mit einem Innenspann- oder Innenseitstoß lösen können (wobei der Innenseitstoß auf einem Aschenplatz hier sehr schwierig anzuwenden ist, zumindest in Bezug auf die Höhe der Flugbahn des Balles).

Je sicherer diese Grundübung durchgeführt werden kann, desto mehr können die Geschwindigkeit und die Entfernungen gesteigert werden.

Jetzt wird die gleiche Übung durchgeführt, allerdings mit einem Torabschluss. Nach dem gefühlvollen Pass über den sich entfernenden Mitspieler in den Lauf, nimmt dieser den Ball an und schießt aus 17 – 20 Meter Entfernung auf das besetzte Tor.

Der Torabschluss erfolgt auch, wenn der Pass ungenau war.

Der Mitspieler soll jetzt den Pass so schnell wie möglich erlaufen und den Torabschluss suchen.

Die vorige Übung wird wiederholt, aber der Schwierigkeitsgrad weiter erhöht.
Ein Spieler dribbelt wieder auf einen Mitspieler zu, etwa 20 Meter vor ihm spielt er einen genauen Flachpass. Der Mitspieler steht frontal zum Passgeber, läuft dem Pass entgegen, gefolgt von einem Gegenspieler, der nur „teilaktiv" eingreift. Der Passempfänger spielt unter der leichten Bedrängnis den Ball wieder direkt zurück, dreht sich blitzschnell um 180 Grad und läuft mit höchster Geschwindigkeit in die entgegengesetzte Richtung auf das Tor zu. Der ursprüngliche Passgeber spielt nun den gefühlvollen Pass über den sich entfernenden Mitspieler in den Lauf. Dieser schließt wieder mit einem Torschuss ab.

- Bei der letzten Steigerung dieser Übungsreihe muss der Mitspieler nicht nur den Torabschluss suchen, sondern vorher einen weiteren Gegenspieler ausspielen, der etwa 20 – 25 Meter vor dem Tor postiert ist. Der Rest wird wie bei der vorigen Übung durchgeführt.

Bei diesen Übungen empfiehlt es sich, die Gegenspieler mit „festen Positionen" zu belegen. Die jeweiligen Entfernungen für die Pässe und Torschüsse, sowie der Schwierigkeitsgrad der Übung, werden der Leistungsstärke und der Schusskraft angepasst.

Grundtechniken

Statisches Passspiel

Mit den folgenden Übungen soll die Sicherheit einfacher Pässe auch in der Kreisliga absolut perfektioniert werden.

Die Spieler passen sich den Ball abwechselnd mit der linken und rechten Innenseite zu. Der Ball wird zuerst gestoppt und dann direkt gespielt, wobei er durch zwei Hütchen gepasst werden soll. Die Entfernung ist abhängig vom Trainingszustand.

Statische Weitpässe

Die Zweiergruppen werden beibehalten. Es werden nun hohe Pässe geschlagen, die der Partner möglichst geschickt annehmen soll, bevor der Ball den Boden berührt. Nach der sicheren Ballannahme erfolgt der hohe Ball zurück zum Partner usw. (die Spieler wählen hierbei den höchstmöglichen Abstand zueinander).

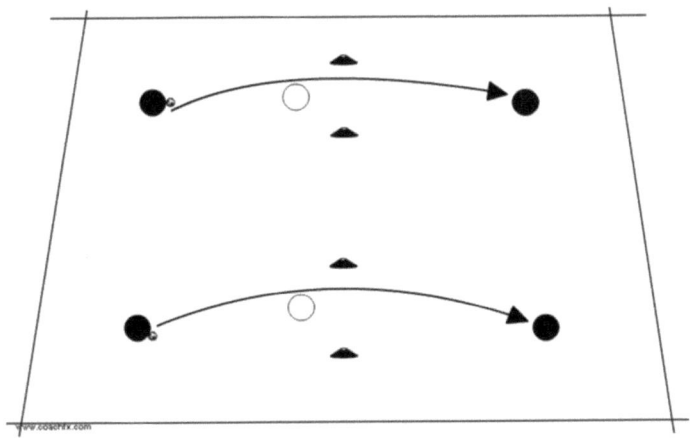

Grundtechniken

Bei der folgenden Übung wird der Schwierigkeitsgrad erhöht. In der Mitte der Zweiergruppe wird ein Gegenspieler positioniert, der versuchen soll, den Pass abzufangen. Er darf sich dabei nur im mittleren Drittel des Passbereiches befinden, also die Gegenspieler nicht direkt attackieren. Fängt er den Ball ab, werden die Positionen mit dem vorhergehenden Passgeber getauscht.

Grundtechniken

Weitere elementare Technikübungen für ein Stationentraining

Es wird wieder auf die „beidfüßige" Ausbildung geachtet.

° 2 – 4 Spieler stehen 10 – 30 Meter (je nach Trainingszustand und Spielstärke) zueinander. Der Ballbesitzer spielt den Ball in irgendeiner Form einem Partner zu, der den Ball annimmt und danach weiterspielt.
Das Passen erfolgt je nach Aufgabenstellung mit Innenseitstoß, Innenspannstoß, Vollspannstoß, oder Außenspannstoß.

° Die Spieler stehen sich in zwei Gruppen hintereinander gegenüber, der Abstand beträgt wieder 10 – 30 Meter. Der Spieler mit Ball passt zum Gegenüber, läuft zügig auf die andere Seite und stellt sich hinten wieder an.
Der nächste Ballbesitzer nimmt den Ball an und passt wieder usw. Danach wird über eine kürzere Entfernung der Ball direkt gespielt.

° 3 – 5 Spieler stehen im kurzen Abstand zueinander und spielen sich den Ball hoch zu, der angenommene Ball kann hoch und direkt weitergespielt werden oder wird ein bis mehrere Male hochgehalten.

° Die Spieler stehen 5 – 15 Meter hintereinander vor dem Tor, einer wirft den Ball seitlich halbhoch vor die Spieler, die dann mit einem Hüftdrehstoß auf das Tor schießen sollen. Der Spieler, der geschossen hat, stellt sich hinten an. Später wird der Wurfabstand vergrößert oder das Werfen erfolgt mit einem Einwurf.
Weitere Steigerungsformen sind das Anspiel über eine Flanke, „kurze Ecke oder den Eckstoß.

Spiel ohne Ball

Das Spiel ohne Ball

In der Kreisliga der A- und B-Jugend sind häufig Spieler, die konditionelle Defizite aufweisen. Trainieren und erhöhen Sie die Ausdauer und Schnelligkeit ihrer Spieler, und Ihre Mannschaft ist in der Kreisliga kaum noch zu besiegen.
Motivieren Sie ihre Spieler auch zu einer höheren Laufbereitschaft ohne Ballbesitz.
Allerdings sollte das Lauftraining ohne Ball in der Jugend nicht übertrieben werden, denn schnell könnten die jugendlichen Fußballer dem Training fernbleiben.

Der französische Sportwissenschaftler Chris Carlings hat in einer Studie belegt, dass Profispieler im Schnitt pro Begegnung 190 Meter mit dem Ball laufen. Das sind ca. 2 Prozent der Gesamtstrecke, die ein Profispieler in einem Spiel zurücklegt.
Dieses Ergebnis ist verblüffend und zeigt zum Einen, wie wichtig das Spiel ohne Ball im modernen Fußball ist und zum Anderen, wie wichtig natürlich auch das Spiel mit dem Ball ist. Denn in der kurzen Zeit des Ballbesitzes sollten natürlich die Handlungen optimiert werden.
Die gesamte Zeit über ist es also wichtig, sich selbst zu bewegen, gegnerische Spieler abzuschirmen und freie Mitspieler zu finden. Hierzu gehört natürlich auch das ballorientierte Verschieben der einzelnen Spieler.
Es gilt den Spielern klarzumachen, dass nicht der ballführende Spieler das Anspiel bestimmt, sondern der Spieler ohne Ball, der durch einen schnellen Antritt oder durch einen Richtungswechsel in den freien Raum läuft. Gerade in der Kreisliga ist dieser Grundgedanke oft nicht stark ausgeprägt.

Spiel ohne Ball

Der heutige Fußball in den Profi-Ligen und höheren Amateurligen wird mit extremer Schnelligkeit und Laufarbeit gespielt. Eine sehr gute körperliche Fitness ist für jeden Fußballer unabdingbar.

Ziehen wir das Spiel vom 6. August 2011 zwischen Wolfsburg und Köln heran. So lief Lukas Podolski in dieser Partie 8,9 Kilometer, was sich erst einmal viel anhört. Das Spiel verlor der 1.FC Köln mit 3:0.

Im Vergleich dazu lief der Gladbacher Roman Neustädter einen Rekordwert von 13,0 Kilometer. Die Gladbacher gewannen das Spiel mit 1:0 gegen den FC Bayern München.

Am gleichen Spieltag schlugen die Dortmunder den Hamburger SV mit 3:1. Hier hatte das Dortmunder Team insgesamt 124,7 Kilometer zurückgelegt und die Hamburger nur 113,7 Kilometer.

Der 19-Jährige Mario Götze von Dortmund lief dabei 10,42 Kilometer in nur 75 Minuten.

Weiterhin ist bekannt, dass an diesem Spieltag keine Mannschaft weniger lief als Schalke 04 und prompt ging das Spiel 3:0 gegen Stuttgart verloren.

Den schnellsten Sprint lief Christian Lell von Hertha BSC mit einer Höchstgeschwindigkeit von 33 km/h. Das entspricht etwa einer 100 m Zeit mit Fußballschuhen auf Rasen von 12,20 Sekunden elektronisch gestoppt (Startphase mit Tiefstart). Auf einer Tartanbahn mit Spikes entspricht das einer Zeit von etwa 11,60 Sekunden und handgestoppt einer Zeit von 11,3 Sekunden. Hier wird klar mit welcher Schnelligkeit die heutigen Fußball-Profis unterwegs sind. Auf den ersten 20 Metern werden selbst Weltklassesprinter nicht wesentlich schneller sein als die besten Fußballprofis.

# Spiel ohne Ball

Wenn die körperliche Fitness eines Profis nicht mehr stimmt, geht seine Karriere sehr schnell dem Ende zu. Mit rasanter Geschwindigkeit rücken junge Spieler nach, die technisch und physisch in bester Verfassung sind und nur darauf warten, die älteren zu verdrängen. Das Durchschnittsalter der Profi-Mannschaften wird immer jünger und das Spiel immer schneller. Bis in die 70-er Jahre konnte ein Techniker sich erlauben, relativ „lauffaul" zu sein. In der heutigen Zeit müssen die Profi-Spieler nicht nur technisch weit gefächert sein, sondern auch über eine höchstmögliche körperliche Fitness verfügen.

Hier erkennt man deutlich, dass eine Kreisliga-Mannschaft der A- und B-Jugend auf einem hohen konditionellen Niveau einen riesigen Vorteil besitzt.

Doch wir haben hier reine Hobby-Spieler und dazu noch Jugendliche. In der Vorbereitungsphase werden deswegen nur einige Laufeinheiten ohne Ball eingesetzt. Die fußballspezifische Ausdauer wird fast nur mit dem Ball erarbeitet, überwiegend mit Trainingsspielen "5 gegen 5" oder "6 gegen 6".
Der genaue Ablauf wird auf den nächsten Seiten deutlich erklärt.

 # Spiel ohne Ball

Ausdauer

Die Grundlage für eine hohe Laufbereitschaft und hohes Laufvermögen über ein ganzes Fußballspiel ist die Ausdauer (allgemeine aerobe Ausdauer) bzw. die Ausdauerleistungsfähigkeit.

Unter der allgemeinen aeroben Ausdauer versteht man die Fähigkeit, die zur Aufrechterhaltung einer bestimmten Belastungsintensität (hier Laufgeschwindigkeit) notwendige Energie ausschließlich durch die Oxidation mit Sauerstoff bereitzustellen.

Bei einer hohen Ausdauerleistungsfähigkeit eines Fußballspielers sind nicht nur die Laufwege in einem Fußballspiel höher, sondern auch die Regenerationsfähikeit ist nach einem Spiel wesentlich erhöht. Damit verbunden reduziert sich auch die Verletzungsanfälligkeit.

In der Kreisliga sind viele Spieler nicht optimal trainiert, einige zeigen auch ein Übergewicht. Wird in der Vorbereitungsphase das Training der Ausdauer bei den Jugendmannschaften zu sehr ausgedehnt, bleiben allerdings viele Spieler dem Training fern oder verlassen sogar den Verein. Deshalb sollten Waldläufe usw. nur vier bis sechs Wochen in der Vorbereitungsphase eingesetzt werden.

Kündigen Sie nicht an, in welcher Trainingseinheit ein Waldlauf oder ein Fahrtspiel eingesetzt wird, damit kein Spieler sus Berechnung dem Training fern bleibt..

Nach den vier bis sechs Wochen wird nur noch die fußballspezifische Ausdauer trainiert, überwiegend erfolgt dies mit Spielen "5 gegen 5" oder "6 gegen 6" wie schon erwähnt.

 **Spiel ohne Ball**

Die Vorbereitungsphase besteht also über 4 bis 6 Wochen nur aus:

Ausdauertraining

Grundtechniken

Training der fußballspezifischen kognitiven Fähigkeiten

Interessante Abschlussspiele

 # Spiel ohne Ball

Welche Trainingsmethoden gibt es zur Verbesserung der allgemeinen aeroben Ausdauer?

Hier bieten sich die Intervall- und die Dauermethode an. Für den Fußballer sollte überwiegend die Dauermethode (z.B. Waldlauf oder Fahrtspiel) eingesetzt werden. Das Ausdauertraining findet weitestgehend in der Saisonvorbereitung statt oder kann z.B. bei Spielausfällen auch zur Erholung   genutzt werden.

Die Spieler haben z.B. an einem Tag spielfrei oder wurden nicht eingesetzt. Jetzt bietet sich ein lockerer Waldlauf über 30 – 50 Minuten zur Erholung und als Ausdauertraining an.

Während der Saisonvorbereitung können etwa 6 bis 8 Ausdauereinheiten über 4 bis 6 Wochen zwischen 30 – 50 Minuten aufgenommen werden. Beim Fahrtspiel werden dabei Strecken mit unterschiedlicher Geschwindigkeit durchlaufen.

Es werden z.B. die ersten 2 Kilometer locker gelaufen, dann 500 Meter schnell, 200 Meter gehen, 1 Kilometer locker, Sprint bergauf usw.

Im Jugendbereich setzt ein Ausdauertraining in der Regel ab der C-Jugend ein. Die Belastungsdauer der einzelnen Einheit, sowie die gesamte Phase sind dabei etwas kürzer.

Sind die Leistungsunterschiede innerhalb einer Mannschaft zu groß, wird diese in zwei Gruppen unterteilt.

Die leistungsstärkere Gruppe läuft eben nur in einer vorgegebenen Zeit eine längere Strecke.

Monotones Laufen auf der Aschenbahn sollte ausgeschlossen werden. Bevorzugen Sie Wald- und Geländeläufe, wenn die Gegebenheiten es hergeben.

 # Spiel ohne Ball

Beispiel für eine Trainingseinheit in der Vorbereitungsphase

1. 30 bis 50 Minuten Waldlauf oder Geländelauf mit Fahrtspiel

2. 20 bis 30 Minuten Training der Grundtechniken

3. Abschlussspiel über 15 bis 20 Minuten

Beispiel für eine Belohnungstrainingseinheit während der Vorbereitungsphase

1. Aufwärmen mit 5 gegen 2 oder dem Sprinter ABC

2. Ausdauertraining im Trainingsspiel

Bei dieser Form des Trainingsspiels darf eine Mannschaft nur ein Tor erzielen, wenn alle Mitspieler (außer Torwart) sich in der gegnerischen Hälfte befinden. Bei dieser Regel sind alle Spieler mehr oder weniger gezwungen, sich ins Angriffsspiel mit einzuschalten. Des Weiteren wird hier ganz unauffällig das Training der fußballspezifischen Ausdauer eingebaut (diese Art des Abschlussspiels wird natürlich nach einem harten Konditionstraining vermieden, ein Training in den Erschöpfungszustand oder sogar in ein permanentes Übertraining könnte die Folge sein.

3. "Normales" Abschlussspiel oder mit technischen oder taktischen Vorgaben

Spiel ohne Ball

Erhöhung der Grundschnelligkeit durch reines Schnelligkeitstraining

Der Sprinter führt diese Trainingsform folgendermaßen durch: Er läuft mit submaximaler Beschleunigung je nach Leistungsstand 30 bis 60 Meter an und läuft dann mit maximaler Geschwindigkeit eine Strecke von 30 Metern. Danach folgt eine Pause von 5 bis 10 Minuten und die Übung wird fünfmal durchgeführt. Für einen Sprinter kann das unter Umständen eine ganze Trainingseinheit sein.

Im Jugendbereich kann man diese Übungsform ab der D-Jugend einführen. Hier wird allerdings der Anlauf verkürzt und zwei Durchgänge sind ausreichend mit einer Pausenlänge von drei Minuten. Ein weiteres Ausdehnen während des Haupttrainings ergibt für den Fußballer keinen Sinn, weil dann zu wenig Trainingszeit für andere Dinge bleibt.

Für diese Übungsform muss der Athlet absolut ausgeruht sein, ansonsten bleibt die Übung vollkommen wirkungslos.

Durch das submaximale Anlaufen spart der Läufer Energie für die Höchstgeschwindigkeit und kann so mit einer etwas höheren Geschwindigkeit die Hauptstrecke durchlaufen. Dieses Training kann ein bis zweimal pro Woche eingebaut werden.

Übungsbeispiel:
Ein Fußballer der Kreisliga läuft die 100 Meter in 13,0 Sekunden. Bei dieser Zeit hat er nach etwa 20 Metern schon die Höchstgeschwindigkeit erreicht.
Für die Übung läuft er aber jetzt 30 Meter an (submaximale Beschleunigung), darf erst dann seine Höchstgeschwindigkeit erreichen und läuft die nächsten 30 Meter maximal.

Spiel ohne Ball

Nach diesem ersten Durchgang braucht der Fußballer eine Pause von fünf Minuten. Diese wird mit Ball "hochhalten" oder leichten Dehnübungen überbrückt.
Insgesamt werden drei Durchgänge absolviert.

Diese Übung können Sie aber auch wunderbar mit einem Torschusstraining verbinden.

Torschusstraining mit gleichzeitigem Grundschnelligkeitstraining

Die hier beschriebene Übung sollte häufiger in das Training integriert werden. Sie schult eine wichtige Kontereigenschaft, Sprintkriterien und die Verarbeitung der Ballannahme mit abschließendem Torschuss aus hoher Geschwindigkeit.

Übungsablauf: Die Fußballer stehen 10 Meter hinter der Mittellinie zentral vor dem Tor mit Torwart hintereinander in einer Reihe. Der Erste läuft an und beschleunigt submaximal (keine volle Beschleunigung), so dass er erst nach 30 Metern die höchste Laufgeschwindigkeit erreicht (bei voller Beschleunigung   erreicht diese Leistungsklasse die Höchstgewschwindigkeit in der Regelschon nach 15 bis 25 Metern).

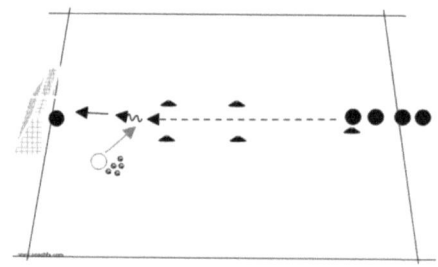

# Spiel ohne Ball

Die 30 Meter sind mit einem Pylonenpaar (parallel mit zwei Meter Abstand) markiert. Hier erreicht der Läufer seine Höchstgeschwindigkeit und hält diese über 20 Meter, dann durchläuft er ein zweites Hütchenpaar (gleich aufgestellt, etwa 20 Meter vom ersten Hütchenpaar entfernt), reduziert die Geschwindigkeit etwas und bekommt vom Trainer den Ball in den Lauf gespielt. Der Fußballer soll nun den Ball mit dieser hohen Laufgeschwindigkeit verarbeiten, annehmen, kontrolliert vorlegen und mit einem wuchtigen Torschuss aus 16 bis 18 Metern abschließen.

Nach diesem Torschuss startet der nächste Läufer, der Schütze befördert den geschossenen Ball wieder zum Trainer und stellt sich hinten in der Schlange wieder an.

Ist der Startläufer wieder an der Reihe, unterbricht der Trainer kurz und erklärt, welche Fehler gemacht wurden oder was noch besser gemacht werden kann (hier sollte dann auch eine Pausenlänge von 3 Minuten eingehalten werden).

 # Spiel ohne Ball

Erhöhung der Grundschnelligkeit durch bergab laufen

Die Spieler laufen eine Strecke von etwa 60 Metern mit maximaler Geschwindigkeit, wobei die Strecke ganz leicht geneigt ist (eine Neigung von maximal 2 %). Auch hier müssen die Athleten absolut ausgeruht sein. Eine Wiederholung ist für den Fußballer alle paar Wochen ausreichend . Der Sinn der Übung ist, dass die Sportler mit einer höheren Schrittlänge laufen, die sich dann auf der Ebene auch etwas erhöhen kann bei einer gleichen Schrittfrequenz. Diese Trainingsform kann ab der C-Jugend eingebaut werden.

Erhöhung der Beschleunigungsfähigkeit und Grundschnelligkeit über kurze Sprints

Ungefähr 80 Prozent aller Sprints im Fußball beziehen sich auf eine Länge von maximal 20 Meter, nur 1 Prozent liegen über 40 Meter. Die Kurzsprintübungen im Training liegen bei 5 – 40 Meter. Die Pause zwischen den einzelnen Durchgängen liegt bei einer Minute pro gelaufene 10 Meter, 3 – 5 Durchgänge werden gestartet. Im Kreisliga-Bereich liegt die Streckenlänge bei 20 bis 30 Metern.

Beispiel:
Nach einem Aufwärmprogramm und 5 Minuten lockerem Dehnen stellen die Spieler sich in zwei Gruppen hintereinander auf. Auf Kommando laufen immer zwei gegeneinander mit höchster Intensität und aus unterschiedlichen Startpositionen wie stehend, liegend, hockend usw.
Bei einer Strecke über 20 Meter muss eine Pausenlänge von 2 Minuten eingehalten werden, um einen höchstmöglichen Trainingseffekt zu erlangen.
Die Wiederholungszahl wird auf 3 - 5 begrenzt.

 # Spiel ohne Ball

Verbesserung der Grundschnelligkeit und der kognitiven Sprintfähigkeiten mittels Linienlauf mit oder ohne Ball

1. Die Spieler laufen hintereinander langsam die gesamte Mittellinie ab. Die Füße setzen dabei genau auf die Mittellinie auf.
2. Jetzt wird ein Steigerungslauf genau auf der Mittellinie durchgeführt. Die Spieler starten wiederum nacheinander. Der folgende Spieler startet allerdings erst, wenn der Vorgänger seinen Lauf komplett beendet hat.
Die Spieler steigern dabei langsam ihre Laufgeschwindikeit und sollen dabei etwa nach 30 bis 40 Metern ihre Höchstgeschwindigkeit erreichen.
Die Füße sollen dabei wiederum genau auf die Mittellinie aufsetzen. Der Körper ist in der Sprintphase komplett aufrecht. der Kopf darf nicht nach vorne geneigt sein, der Kopf steuert den Rumpf.
Der Trainer oder die Trainerin korrigiert gegebenenfalls die Spieler.
Bei einem aufrechten Lauf und dem Aufsetzen der Füße laufen die Spieler schneller und mit einem geringeren Energieverbrauch.
3. Die vorhergehenden Übungen werden nun mit Ball wiederholt. Der Ball soll möglichst genau auf der Linie und eng geführt werden. Dies ist extrem anspruchsvoll. Aber mit der Zeit wird hierdurch die Ballführung immer besser. Hierbei müssen die Fußballer den Ball natürlich genau im Auge behalten, aber trotzdem sollte der Kopf nur geringfügig nach vorn geneigt werden, damit die Übericht auf dem Spielfeld gewahrt bleibt.

Trainingsspiele

Nach der kurzen Vorbereitungsphase werden nun überwiegend Trainingsspiele mit Ball zur Verbesserung der fußballspezifischen Fähigkeiten eingesetzt (parallel zum Training der erwähnten Grundtechniken und der fußballspezifischen kognitiven Fähigkeiten).

Übungen für den Torschuss, oder Flankentraining usw. dürfen natürlich auch nicht fehlen.

Die folgenden Trainingsspiele sollten immer im Hauptteil des Trainings eingesetzt werden. In der Regel wird am Ende des Trainings ein Abschlussspiel ohne Vorgaben, also ein freies Abschlussspiel, praktiziert.

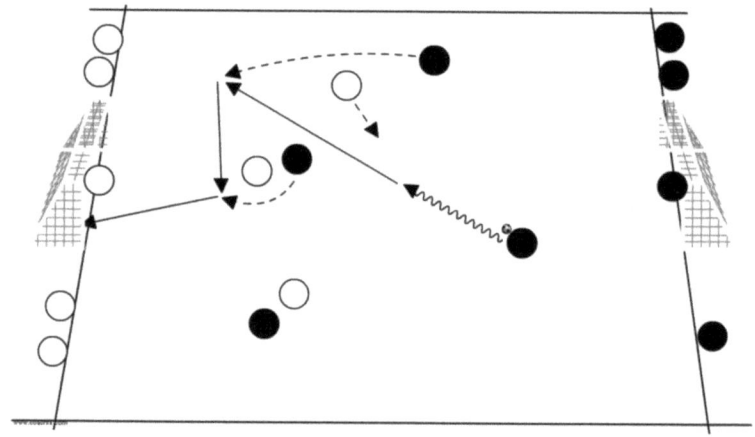

Bei diesem Trainingsspiel wird 5 bis 7 gegen 5 bis 7 auf zwei große und besetzte Tore gespielt. Erobert eine Mannschaft den Ball in der eigenen Spielfeldhälfte, müssen in dieser erst vier Pässe gespielt werden, bevor in die gegnerische Hälfte gepasst werden darf.

Trainingsspiele

Variation: Unter den mindestens vier Pässen muss ein Doppelpass integriert werden.

Spezialübung zur höchsten Verbesserung der fußballspezifischen Ausdauer (ohne und mit Spiel auf Tore möglich)

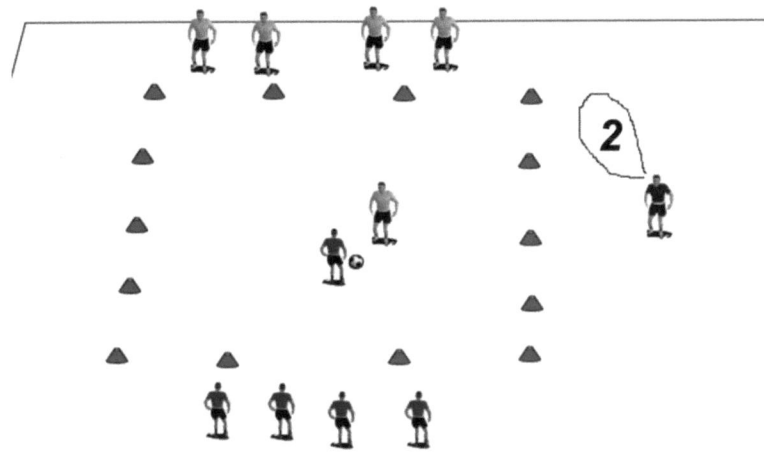

Bei dieser Trainingsform bringen Sie ihre Jugendmannschaft auf ein sehr hohes konditionelles Leistungsvermögen. Sie können dieses Wettspiel mal ohne ein Spiel auf Tore einbauen, auf Minitore oder auf ein Spiel mit zwei Toren und zwei Torhütern. Man kann sogar fast eine ganze Trainingseinheit mit diesem Wettspiel füllen (siehe Abbildung oben und Erklärungen weiter unten).

# Trainingsspiele

1. Es werden zwei Mannschaften mit 4 – 6 Spielern eingeteilt. Diese werden chronologisch durchnummeriert. Die Spielfläche beträgt etwa 30 x 30 Meter.

Nur die Spieler mit der Nummer 1 gehen ins Feld. Sie spielen jetzt „eins gegen eins" über einen Zeitraum von 30 Sekunden bei Jugendlichen und bis zu 60 Sekunden bei gut trainierten Erwachsenen. Nach der Zeit ruft der Trainer die Spieler mit der Nummer 2 auf. Jetzt wird 30 – 60 Sekunden zwei gegen zwei gespielt. Die einzige Aufgabe der Spieler ist Ballhaltung. So geht es immer weiter bis alle Spieler im Feld sind. Danach geht das ganze rückwärts, die Spieler mit der Nummer 1 werden zuerst „ausgerufen" und zum Schluss die Spieler mit der höchsten Nummer.

Eine Variante ist es, die Spieler die zuletzt reinkamen, als erste wieder rauszunehmen. Damit wären die Spieler mit der Nummer 1 die ganze Zeit auf dem Feld, was eine sehr hohe Belastung bedeutet. Hier könnten Spieler ausgesucht werden, die etwas „lauffaul" sind.

2. Die gleiche Übung wird auf zwei Minitore gespielt.

3. Wir spielen jetzt auf zwei große Tore mit festen Torhütern, die auch angespielt werden dürfen. Erst ab drei Feldspielern pro Mannschaft wird mit Einwurf und Eckball operiert. Bei Toraus oder Seitenaus bekommt der entsprechende Torwart den Ball für ein Zuspiel, wenn weniger als drei Feldspieler pro Mannschaft auf dem Platz sind.

4. Wir machen nun aus dieser Übung fast eine komplette Trainingseinheit. Die Regeln gelten wieder wie unter "3".

Trainingsspiele

Doch die Einwechslungen sind mit anderen Zeitintervallen verbunden. Wir beginnen mit "1 gegen 1 plus Torwart", nach einer Minute mit "2 gegen 2 plus Torwart", nach zwei weiterenMinuten mit "3 gegen 3 plus Torwart", nach vier weiteren Minuten mit "4 gegen 4 plus Torwart" und nach 8 weiteren Minuten mit "5 gegen 5 plus Torwart".

Nach 8 Minuten werden nun die ersten beiden Spieler herausgenommen, nach weiteren vier Minuten die Spieler mit der Nummer "2", nach zwei Minuten die Spieler mit der Nummer "3" und schließlich nach einer Minute die Spieler mit der Nummer "4". Jetzt beginnt die letzte Spielminute wieder mit einem Torhüter und einem Feldspieler pro Mannschaft.

Werden bei dieser Variante insgesamt 6 Feldspieler pro Mannschaft eingesetzt, hat man praktisch eine ganze Trainingseinheit. Die Spielfläche muss natürlich der Spieleranzahl angepasst werden.

Es gibt wohl kaum eine bessere Übung, die fußballspezifische Kondition zu trainieren.

Trainingsspiele

Mehrere kleine Tore mit Pylonen werden in einer Spielfeldhälfte aufgebaut. Es spielen mindestens „6 gegen 6". Der Ball soll durch ein Tor gespielt werden, wobei ein Mitspieler diesen Ball hinter dem Tor annehmen muss, damit ein reguläres Tor erzielt wird. Die Spieldauer beträgt etwa 10 Minuten.

Der Trainer muss darauf achten, dass alle Spieler ständig in Bewegung sind und nicht permanent hinter einem Tor auf das Anspiel warten.

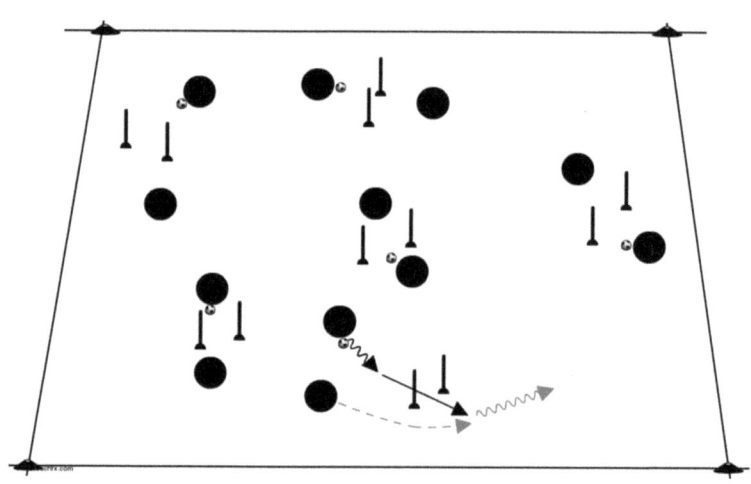

 # Trainingsspiele

Beim ersten Abschlussspiel werden zwei Mannschaften gebildet, die auf zwei große besetzte Tore spielen. Jede Mannschaft besitzt einen Flügelstürmer, der außerhalb des Spielfeldes mit Bällen steht (siehe Abbildung auf der nächsten Seite). Der erste Außenstürmer dribbelt in Richtung Torauslinie und flankt hoch oder flach in den Strafraum.

Hierauf erfolgt ein normales freies Spiel, bis der Ball ins Aus oder ins Tor geschossen wird.

Nun tritt der Flügelstürmer der gegnerischen Mannschaft mit der gleichen Aktion auf das andere Tor in Aktion usw.

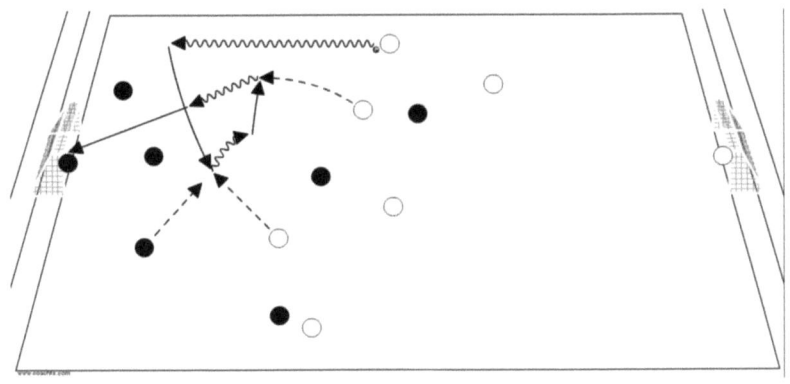

Trainingsspiele

Auf einem Kleinfeld mit besetzten Toren versuchen fünf Angreifer gegen drei Verteidiger ein Tor zu erzielen. Links und rechts neben dem Tor der Verteidiger steht noch jeweils ein Spieler (ein Spieler mit Ball).

Bei jeglichem Ballverlust (z.B. durch einen Ausball, Fehlpass, Torerfolg usw.) müssen zwei Stürmer den Platz verlassen.

Jetzt werden die drei Verteidiger zu Stürmern, und werden dabei von den beiden Spielern neben ihrem Tor sofort unterstützt. Diese beiden Mitspieler werden sofort zu Stürmern. Bei einem "Ausball" oder einem Tor, bringt einer dieser beiden Spieler einen Ball sofort mit ins Geschehen und leitet den Angriff ein. Bei einem Ballverlust der Angreifer, bei dem der Ball im Spiel bleibt, leiten die Verteidiger auf dem Feld den Angriff ein, die Spieler neben dem Tor stoßen sofort zu dem Überzahlangriff hinzu.

Wird hier wieder der Ball verloren oder mit einem Tor abgeschlossen, wechselt die angreifende Mannschaft. Sie wird wieder von zwei weiteren Spielern unterstützt, und die jetzt wieder verteidigende Mannschaft nimmt zwei Spieler vom Feld.

Es empfiehlt sich, hier mit drei „festen Verteidigern" zu spielen. Diese wechseln also permanent von Verteidigung auf Angriff und umgekehrt. Bei jedem Angriffswechsel wird die angreifende Mannschaft also von zwei "frischen" Stürmern ergänzt.

Hier wird nicht nur der Konter trainiert, sondern auch das schnelle Umschalten von Angriff auf Abwehr und die fußballspezifische Ausdauer.

Nach einer gewissen Zeit werden die drei Stammspieler jeder Mannschaft ausgetauscht.

 # Trainingsspiele

Diese Übung macht allen Spielern erfahrungsgemäß sehr viel Spaß und beinhaltet einen enormen Lernprozess.

Variationen: Die gleiche Übung kann auch mit drei Angreifern gegen zwei Verteidiger gespielt werden, bzw. auch in anderen Kombinationen wie 2 gegen 1.

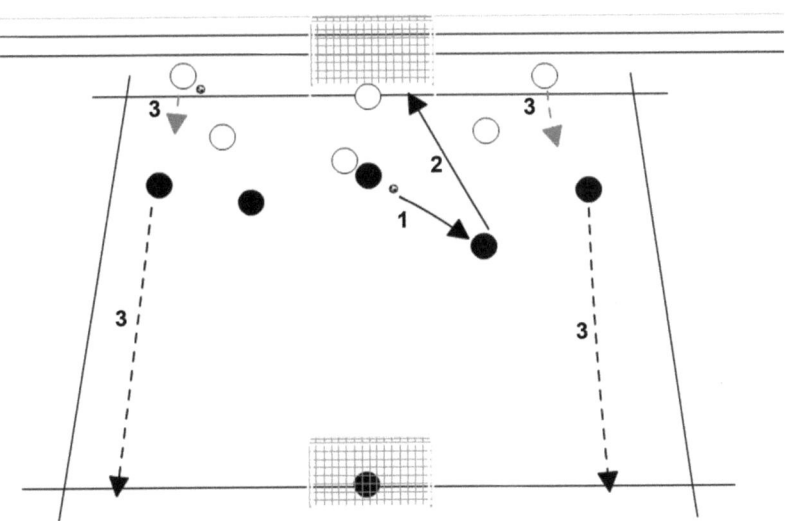

 # Trainingsspiele

Eine Mannschaft spielt in Überzahl. Diese Mannschaft darf nur nach vorne spielen oder vorwärts dribbeln. Bei Missachtung dieser Regeln wechselt sofort der Ballbesitz. Die Mannschaft in Unterzahl weiß nun bei einem Ballverlust, dass der Gegner aggressiv nach vorne spielt, und sie damit blitzschnell von Angriff auf Abwehr umschalten muss.

Bei dieser Form des Trainingsspiels darf eine Mannschaft nur ein Tor erzielen, wenn alle Mitspieler (außer Torwart) sich in der gegnerischen Hälfte befinden. Bei dieser Regel sind alle Spieler mehr oder weniger gezwungen, sich ins Angriffsspiel mit einzuschalten. Des Weiteren wird hier ganz unauffällig das Training der fußballspezifischen Ausdauer eingebaut (diese Art des Abschlussspiels wird natürlich nach einem harten Konditionstraining vermieden, ein Training in den Erschöpfungszustand oder sogar in ein permanentes Übertraining könnte die Folge sein).

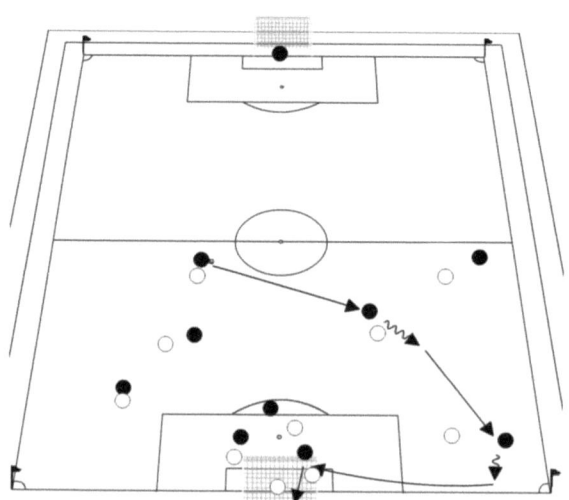

 # Trainingsspiele

Die folgende Übung ist höchst interessant, lehrreich, fussballspezifisch und macht allen Fußballern sehr viel Spaß. Hierbei werden das schnelle Passspiel, Freilaufen, Direktspiel, schnelle Umschalten von Angriff auf Abwehr, schnelle Umschalten von Abwehr auf Angriff und das Konterspiel trainiert.

Die Übung kann weiterhin mit unterschiedlichsten Mannschaftsstärken gespielt werden, wie 5 : 3, 6 : 3, 7 : 4, 8 : 4, 8 : 5, 9 : 5, 10 : 5 oder 10 : 6.
Die Mannschaft in Überzahl soll den Ball so schnell wie möglich durch die eigenen „Reihen" laufen lassen und spielt auf kein Tor. Das Team in Unterzahl versucht, den Ball zu erkämpfen und spielt auf vier Hütchentore. Bei einem Ballgewinn schalten sie sofort auf Angriff um, und versuchen ein Tor zu erzielen. Die Hütchentore stehen jeweils in der Mitte der vier Seitenlinien. Die Feldgröße wird der Spieleranzahl, der Kondition und der technischen Qualität angepasst.
Nach einigen Minuten wird die Mannschaft in Unterzahl immer wieder ausgetauscht.

Bei dieser Übung wird auf ein großes besetztes Tor und zwei Pylonentore gespielt (siehe folgende Zeichnung). Das große Tor wird von vier Feldspielern verteidigt. Sechs Gegenspieler stürmen auf das besetzte Tor, müssen aber bei Ballverlust die „Hütchentore" schützen.

Der Abschluss auf das große Tor soll dabei so schnell wie möglich erfolgen.

Nach einigen Minuten werden die Verteidiger ausgetauscht.

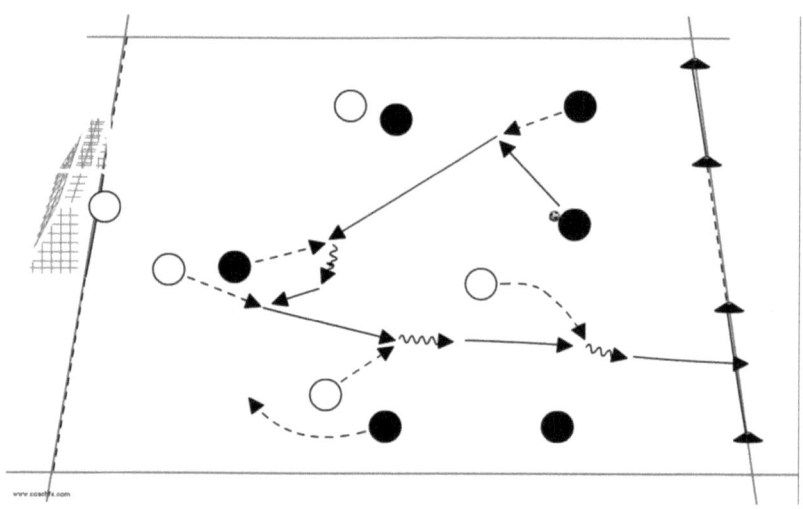

Nach dieser Übung wird die ganze Situation „verschärft". Jetzt wird die Angreiferzahl auf sieben erhöht, darf aber nur mit maximal drei Ballkontakten agieren.

Die wichtigsten Tipps

Die wichtigsten Tipps für den Coach einer Jugend-Mannschaft

Nun gibt es auch noch andere Faktoren, die für einen Trainer oder eine Trainerin von höchster Bedeutung sind, und den Aufstieg wesentlich unterstützen können.
Die Tipps und Ratschläge, die nun folgen, nehmen an Wichtigkeit zu. Banale, meist selbstverständliche Dinge werden zuerst beschrieben, danach folgen immer mehr komplexere Sachverhalte, die ein guter Coach beachten sollte.
Dieses Kapitel hier sollten Sie mehrmals lesen, damit auch kein "Punkt" vergessen wird.

Einfache, aber wichtige Regeln

° Die Manschaft, der Verein und der Vorstand wird nach "Außen" immer positiv dargestellt, alles andere bringt nur unnötige Unruhe. Besonders für die Spieler bleibt der Vorstand unantastbar. Der Ansprechpartner für die Spieler sind ausschließlich der Trainerstab und die Betreuer. Alle Probleme, die der Trainerstab mit dem Vorstand hat oder bespricht, werden vollkommen diskret behandelt.

° Der Trainer/in muss seinem Co-Trainer und Betreuern höchsten Respekt zukommen lassen, denn ohne diese geht gar nichts. Allerdings muss der Coach auch immer zeigen, dass er der Chef ist, und die Verantwortung für die Spieler und Spielergebnisse zu tragen hat.

 # Die wichtigsten Tipps

° Der Trainer oder die Trainerin stellt sich nicht in den Vordergrund, hält keine langen Reden, sondern gibt präzise Anweisungen. Diese sollten aber auf keinen Fall „militärisch" oder „diktatorisch" klingen.
Fehler müssen offen eingestanden werden, sonst geht mit der Zeit ein Teil des Respekts verloren. Sollten Sie einen Spieler benachteiligt, beleidigt oder bloßgestellt haben, entschuldigen Sie sich dafür. Der betreffende Spieler wird danach noch mehr Respekt vor ihnen haben.

° Ordentliche Erscheinung: der Trainer oder die Trainerin repräsentiert seinen Verein, seine Mannschaft, seine Familie. Gepflegte Kleidung und Körperpflege sollten selbstverständlich sein.

° Sind Sie Raucher, rauchen Sie bitte nur zu Hause, wenn es wirklich sein muss. Hier besteht absolute Vorbildfunktion. Weiterhin verlieren Sie an Respekt, wenn Sie vor Zuschauern, Mannschaft und Vorstand rauchen. Ich persönlich habe einmal als Jugendspieler erlebt, wie ein Trainer der gegnerischen Mannschaft am Spielfeldrand rauchte und nach dem Spiel ein Bier mit einem „Kurzen" trank. In meinem jugendlichen Alter wirkte dies wie ein kleiner Schock.

°Jedes Training bedarf einer guten Vorbereitung. Ein Rahmentrainingsplan für die ganze Saison sollte vorliegen wie Saisonvorbereitung, technische und taktische Periodisierung. Arbeiten Sie oft mit Stationentraining. Hier können Stärken einzelner Spieler perfektioniert werden (z.B. Eckstöße und Freistöße), Schwächen anderer beseitigt werden (wie

konditionelle Probleme   oder technische Schwächen bei der
Ballannahme).

° Der Trainer bleibt innerlich relativ ruhig bei „schlechtem"
Spiel, zeigt aber Freude bei positiven Ereignissen. Fluchen
sollte unterbunden werden. Einzelne Spieler werden nicht
angeschrien. Baut ein Spieler „Bockmist" oder wird
„getunnelt", nimmt der Trainer unmittelbar danach besser
keinen Augenkontakt mit dem Spieler auf. Der Spieler fühlt
sich dadurch noch mehr gedemütigt (Studie aus dem
psychologischen Fachbereich).

° Siege werden immer der Mannschaft zugeschrieben,
Verantwortung für Niederlagen vom Trainer/in übernommen.
Außer die gegnerische Mannschaft war von der Spielanlage
weit überlegen, hier lag es dann einfach am Gegner.

° Der Trainer oder die Trainerin schenkt der Mannschaft sein
ganzes Vertrauen. Nur so kann Erfolg erzielt werden.

° Leidenschaft für den Fußball, den Verein und die
Mannschaft muss vorhanden sein. Wer sein Training
monoton und gelangweilt „runterspult" (und dafür auch
noch Geld bekommt), hat seinen Job verfehlt, die
Mannschaft wird nicht erfolgreich sein.

° Mit der Zeit sollte man seine Spieler kennen wie spielerische
Fähigkeiten und Charakterzüge.

 # Die wichtigsten Tipps

° Die Trainerin oder der Trainer betont immer wieder, dass alle Beteiligten an einem Fußballspiel höchsten Respekt vor den Schiedsrichtern haben müssen. Alle Beteiligten beinhaltet Spieler, Trainer, Betreuer, Zuschauer usw.

Die Schiedsrichter sind unantastbar, und auch Fehlentscheidungen müssen akzeptiert werden. Beleidigungen oder sogar Tätlichkeiten gegenüber den Schiedsrichtern ist vollkommen inakzeptabel.

Die Referees werden es Ihnen als Trainer/in danken, wenn Sie mit ihrer Mannschaft absolut diszipliniert sind, und schnell werden Sie in den Schiedsrichterkreisen als faire Mannschaft bekannt.

Glauben Sie mir aus Erfahrung, das bringt manchmal erhebliche Vorteile. Aus verständlichen Gründen, gehe ich darauf nicht näher ein. Jeder soll sich seinen Teil denken.

Ein Trainer sollte niemals die Schuld für Niederlagen bei den Schiedsrichtern suchen und dies auch noch den Spielern vermitteln.

Im schlimmsten Fall wird der Referee noch während des Spiels vom Coach verbal und aggressiv angegangen. Dies überträgt sich negativ auf die eigene Mannschaft und die unnötige Kritik gegen den Schiedsrichter kann zu einem Bumerang werden. Der Referee pfeift vielleicht unbewusst oder emotional gegen die betreffende Mannschaft. Dies ist wohl häufig in unteren Spielklassen der Fall. Überlegen Sie mal, hier sind Schiedsrichter häufig unsicher und haben wenig Erfahrung, versetzen Sie sich in deren Position. Also, der Schiedsrichter sollte unantastbar bleiben.

Der Trainer hat hat eine Vorbildfunktion für die Spieler und sogar für die Zuschauer. Wenn der Coach die Schiedsrichter

negativ kritisiert, färbt das auf Spieler und Zuschauer ab. Schnell beginnen diese auch mit verbalen Angriffen gegen den Referee, die Situation schaukelt sich hoch. Im Extremfall kommt es zu Tätlichkeiten unter den Spielern, Zuschauern oder sogar gegen den Schiedsrichter. Spielabbruch ist die Folge.

Hat der Schiedsrichter gepfiffen und eine Entscheidung gefällt, bleibt der Trainer oder die Trainerin immer ganz ruhig und die eigene Mannschaft auch. Dieses Verhalten spricht sich rum, und wird der Grund für den einen oder anderen Punkt mehr am Saisonende sein.

Aber gehen wir noch einen Schritt weiter, loben Sie den Referee für gute Leistungen und Entscheidungen. Wie jeder Mensch freut sich auch dieser über Lob und Anerkennung. Dies ist aber nur ein Teil vom Fairplay. Spieler, Trainer und Zuschauer sind nicht nur fair zum Schiedsrichter.

Ein guter Trainer sorgt auch dafür, dass seine Spieler immer fair gegenüber der gegnerischen Mannschaft sind. Das Motto lautet, wir wollen keine Karten bekommen, nicht foulen, nicht auf Zeit spielen, nicht meckern usw.

Auch dieses spricht sich mit der Zeit bei Schiedsrichtern, Vereinen und Zuschauern herum. Trainer und Mannschaft sind überall gerne gesehen, auch in der Leistung macht sich das langfristig bemerkbar. Schnell werden andere Vereine auf diesen besonnenen Trainer oder Trainerin aufmerksam und ein höher spielender Verein "klingelt" an der Tür.

Jetzt wird Ihnen bewusst, dass der Trainer die Schlüsselfigur zwischen Erfolg und Misserfolg ist. Eine notwendige Spielerqualität ist natürlich immer die Basis.

Die wichtigsten Tipps

° Doch kommen wir zu einem weiteren "Geheimtipp". Die meisten Trainer und Trainerinnen sind überwiegend auf das Spielergebnis fixiert. Auch im Alltag konzentrieren sich viele Menschen nur auf das Ergebnis einer Handlung, Prüfung, Situation usw. Dann wundern sich viele Menschen, warum langfristiger Erfolg ausbleibt. Nehmen wir zunächst ein Beispiel aus dem Alltag. Ein junger Mann hat die Führerscheinprüfung. Der Fahrlehrer hat ihn nach nur 20 Fahrstunden angemeldet, noch nie hatte er so einen guten Fahrer. Er wird wohl mit Sicherheit die Prüfung bestehen. Doch der Prüfer mag diesen jungen Mann nicht, und sucht nur einen Grund, damit er diesen durchfallen lassen kann. Es kommt, wie es kommen muss, der junge Mann besteht die Prüfung nicht. Und jetzt kommen wir zu den Menschen, die nur ergebnisorientiert sind: "Ach, der kann doch nicht fahren, hab vorher schon gewusst, dass der durchfällt."

Im schlechtesten Fall schimpft der Vater noch mit dem Prüfling:"Kannst du eigentlich gar nichts."

So schnell kann man das Selbstvertrauen eines Menschen zerstören. Sie sehen nur das Ergebnis, und nicht das Können eines Menschen. Das Gleiche ist es bei "Reich und Arm". Viele Menschen sehen nur das Materielle bei anderen Leuten, aber nicht wie sie dahin gekommen sind.

Doch kommen wir zum Fußball zurück. Ist ein Trainer oder eine Trainerin nur ergebnisorientiert, stellt sich vielleicht kurzfristig Erfolg ein, aber auf lange Sicht wird dieser vergehen. Eine Mannschaft, die 1:0, 2:1 oder 3:2 verliert, obwohl sie viel besser war und viel mehr Chancen hatte, verdient trotzdem höchsten Lob. Wenn eine Mannschaft viele Aluminiumtreffer hatte, aber der Ball einfach nicht reingeht, dann ist das

einfach Pech. Loben Sie die Mannschaft bei guten Spielen unabhängig vom Ergebnis. Nehmen Sie die Verantwortung bei Niederlagen, trotz guter Spiele, auf sich.

"Ach, war mein Fehler, wir müssen im Training mehr an Angriffen und Chancenverwertung arbeiten."

So wird eine Mannschaft moralisch aufgebaut.

Wenn Trainer ergebnisorientiert sind, vernachlässigen sie auch oft die Ersatzspieler, und stellen immer die besten Spieler auf. Auch hier stellt sich vielleicht kurzfristig Erfolg ein.

Aber irgendwann braucht man die Ersatzspieler, nur diese sind dann nicht mehr motiviert, haben keine Spielpraxis oder schon den Verein verlassen.

Setzen Sie jeden Spieler so oft wie möglich ein. Ist ein Spiel entschieden, lassen Sie die Reservespieler rein, bei Freundschaftsspielen absolvieren diese ganze Spiele.

Und dann noch ein ganz wichtiger Aspekt, arbeiten Sie an den Schwächen der Ergänzungsspieler mittels Stationentraining. Ist ein Spieler konditionell nicht so gut, trainiert dieser überwiegend an Stationen mit Laufarbeit; fehlt die Passgenauigkeit, werden diese Stationen für den Spieler im Training intensiviert; ist ein Spieler nicht schnell genug, bekommt er ein intensives Sprinter ABC, Sprint- und Sprungkrafttraining usw.

Die Ersatzspieler merken, dass Sie Ihnen wiichtig sind, und werden voll motiviert bleiben.

# Die wichtigsten Tipps

° Manche Trainer oder Trainerinnen brüllen am Spielfeldrand. Dies sollte man unterlassen. Wir haben schon genügend Zuschauer oder Eltern, die Spieler oder Schiedsrichter anschreien. Ein Coach darf seine Spieler nicht bloßstellen mit lautstarker und dummer Kritik wie, "den musst du doch machen" oder "das kann meine Oma ja besser" usw.

Bei guten Aktionen aber loben Sie ihre Spieler laut, so können Sie das Selbstvertrauen und die Mannschaft stärken.

Der Coach muss Schwächen der Mannschaft oder eines einzelnen Spielers in Stärken verwandeln. Aber wie geht das.

Ich gebe Ihnen hier einige Beispiele. Kein Spieler kann eine vernünftige Ecke hereinbringen. Sie haben aber einen dribbelstarken Fußballer oder einen extrem schnellen Spieler. Trainieren Sie doch mit diesen die kurz ausgeführten Eckstöße mit allen Varianten bis zur Perfektion. Und schon ist die Sache erledigt.

Oder die Mannchaft besitzt einen lauffaulen Supertechniker, der jederzeit ein Spiel entscheiden kann. Würde er mehr laufen, wäre er noch effektiver. Reden Sie mit dem Spieler, dass dieser bei seinen gewöhnlichen Laufpausen, wenigstens in einem minimalen Laufschritt bleibt. Erklären Sie ihm, dass die kurzfristige Regeneration jetzt viel höher ist, und er aus einem Laufschritt viel schneller in einen Sprint wechseln kann.

Oder besitzen Sie viele schnelle Spieler, dann trainieren Sie mit dem Team häufiger Konter, bis damit Spiele auch gegen stärkere Mannschaften entschieden werden können usw.

Kabinenansprache

Kabinenansprache Jugend / Senioren

Die Mannschaftsansprache vor dem Spiel sollte bei Jugendlichen maximal 10 Minuten, bei Senioren maximal 15 Minuten betragen. Die Ansprache soll motivieren und sich in der Regel nur auf Dinge beziehen, die bereits im Training angesprochen worden sind. Im Jugendbereich soll die Ansprache zudem beruhigend wirken und den Jugendlichen verdeutlichen, dass sie nun die vermittelten Trainingsinhalte der letzten Woche in die Praxis umsetzen. Allgemeine Informationen über den Gegner, über die Wichtigkeit des Spiels, besondere Platzanlage usw. sollten schon beim letzten Training besprochen und vermittelt worden sein. Diese Sachverhalte lösen nur unnötige Nervosität aus. Der Trainer oder die Trainerin sollte den Spielern Mut machen und noch einmal ihre Aufgaben auf den einzelnen Positionen ansprechen wie z.B. zu den Stürmern: „Sucht den Zweikampf, die Innenverteidiger sind relativ unbeweglich". Oder zu einem Außenverteidiger mit hoher Schnelligkeit:"Biete dich beim Abstoß an der Außenlinie an und habe auch mal den Mut, diese entlang zu dribbeln." Auch kann jeder Spieler an die wichtigsten Aufgaben seiner Spielposition erinnert werden. Danach wird die Gruppen- und Mannschaftstaktik noch einmal verdeutlicht, die aus der letzten Trainingswoche umgesetzt werden soll (z.B. Verschieben der Viererkette, Abseitsfalle bei Senioren oder Umschalten von Abwehr auf Angriff usw.).

Im Anschluss an diese Besprechung erfolgt die Aufwärmphase vor dem Wettspiel. Kurz vor dem Anpfiff sollte der Trainer oder die Trainerin die Spieler noch einmal

sammeln und ein bis zwei Minuten motivierend zu den Spielern sprechen.

Halbzeitansprache

Die Halbzeitansprache ist relativ leicht zu halten. Sie dauert etwa 5 Minuten, da die Spieler erst einmal langsam in die Kabine gehen. Hier sollten sie noch einmal 2 bis 3 Minuten verschnaufen. Erst dann kommt die kurze Ansprache. Das Wichtigste ist, die Spieler optimal für die zweite Halbzeit zu motivieren. Der größte Fehler den ein Trainer/in hierbei machen kann, ist es einen Spieler persönlich zur „Schnecke" zu machen. Im Extremfall verlässt ein sensibler Spieler die Mannschaft oder sogar den Verein. Negative Kritik immer sachlich an die ganze Mannschaft richten, Lob kann auch an Einzelspieler geübt werden.

Hier ein Beispiel für eine chronologische Abfolge einer Halbzeitanspracheansprache:

° Was lief hervorragend oder gut?

° Was lief weniger gut oder schlecht?

° Wie sieht der Trainer oder die Trainerin den Gegner?

° Gemeinsame Taktik für die zweite Halbzeit festlegen?

° Die Spieler motivieren?

Sanktionen

Sanktionen

Häufig werden in der Kreisliga Strafenkataloge eingeführt. Diese möglichen Sanktionen dienen der Durchsetzung vorher festgelegter Mannschaftsregeln und sollen zu mehr Disziplin führen.

Ein der Mannschaft oder dem Verein schädigendes Verhalten wird oft mit der Zahlung kleinerer Beträge in die Mannschaftskasse bestraft. Ein positiver Aspekt in Bezug auf die Disziplin ist oft erkennbar.

Sanktionen sollten aber auch anders aussehen wie Trikotwäsche, ein paar Liegestütze bei sehr kleinen Vergehen usw.

Nachteile von finanziellen Sanktionen

Viele Spieler werden sich fragen, ich bezahle schon Beitrag und jetzt soll ich auch noch für kleinere Vergehen Geld in die Mannschaftskasse einzahlen. Hallo, Amateurfußball ist nur meine Freizeitbeschäftigung, ich investiere Zeit und Geld in Form von Beitrag und soll jetzt noch zusätzlich zahlen.

Hinzu kommt, dass der „Schatzmeister" ständig dem Geld der Sanktionen hinterherlaufen muss und oft das entsprechende Geld erst sehr spät oder gar nicht bekommt. Eine schlechte Stimmung in der Mannschaft kann die Folge sein.

Es hat auch schon „Schatzmeister" gegeben, die die Bilanzen gefälscht haben, um sich zu bereichern.

Sanktionen

Also es besteht auch eine Verführung zur Unterschlagung, besonders wenn die Mannschaftskasse einen relativ hohen Betrag aufweist.

Die Mannschaftskasse kann auch durch Spenden von „außen" und einem sehr kleinen monatlichen Betrag der Spieler erfolgen.

In fast jeder Mannschaft gibt es Spieler, die sich nicht immer an Vereinbarungen halten. Sie fehlen unentschuldigt beim Training, führen Trainingsübungen nur halbherzig durch oder erscheinen übermüdet und halbtrunken zum Wettspiel. Diese Spieler mögen die kleinen Geldsanktionen und deren Geldeintreiber natürlich überhaupt nicht. Die Stimmung in der Mannschaft kann kippen.

In einem persönlichen Gespräch zwischen Coach und Spieler kann die Angelegenheit oft besser geklärt werden.

Wir dürfen auch nicht vergessen, dass es sehr wohlhabende Spieler gibt, denen Geldsanktionen vollkommen egal sind. Hier wird keine Disziplin gefördert. Sportliche Strafen würden hier einen besseren Zweck erfüllen.

Vorteile von finanziellen Sanktionen

Mit dem Strafenkatalog sind die Strafen vollkommen vereinheitlicht. Der Trainer oder die Trainerin muss durch die festgelegten Strafen nicht mehr in jedes kleine „Vergehen" eingreifen.

Alle Spieler müssen sich an die gleichen Regularien halten und ein Antipathie gegenüber kann sich dadurch nicht entwickeln.

Die kleinen Geldsanktionen können Spieler durchaus zu mehr

Sanktionen

Disziplin bewegen und vermittelt ihnen mit der Zeit Basisregeln für ein harmonisches Mannschaftsgefüge.

Weiterhin wird die Mannschaftskasse neben freiwilligen Beiträgen und Spenden schneller aufgefüllt. Es bringt mehr Geld für gemeinsames Feiern oder Reisen ein.

Vermeidung von Geldsanktionen?

Jede Fußballmannschaft braucht Disziplin, auch in der Kreisliga D, sonst bleibt jeglicher Erfolg und auch der Spaß an der Sache aus. Oft arbeiten Trainer/in mit einem perfekten Strafkatalog, jedes Vergehen wird geahndet, in den oberen Amateurklassen und im Profibereich über Geldsanktionen wohl ein probates Mittel. In den unteren und mittleren Amateurklassen ist das aber ein Mittel, das nach unserer Meinung eher nicht geeignet ist. Die Spieler bekommen wenig oder gar kein Geld für ihre Leistung. Trotzdem kann ein Strafenkatalog aufgestellt werden. Es folgt ein Beispiel dafür.

Unnötige Rote Karte wegen Tätlichkeit oder eine unnötige Karte wegen Meckerns:
Der betreffende Spieler putzt nach dem nächsten Training die Schuhe aller Spieler.

Ein Spieler kommt häufiger zu spät oder gar nicht zum Training:
Der betreffende Spieler wird erst zur zweiten Halbzeit eingewechselt.

Sanktionen

Ein Spieler kommt unentschuldigt zu spät zum Wettspiel:
Auch hier darf er erst einmal auf der Bank Platz nehmen.

Das Handy eines Spielers klingelt in der Kabine während der Halbzeitansprache:
Der betreffende Spieler macht beim nächsten Training ein Konditionstraining anstatt eines Abschlussspiels.

Sanktionen, die einen Spieler lächerlich machen, sollten unterlassen werden, wie vor der gesamten Mannschaft ein Lied singen oder ein T-Shirt tragen (während des Trainings) mit der Aufschrift „ich schäme mich" usw.

Schlusswort

Die wichtigsten Aspekte für den Aufstieg aus oder innerhalb der Kreisligen sind also zusammengefasst:

° Beherrschung bestimmter Grundtechniken im "Schlaf"

° Höhere konditionelle Fähigkeiten als die anderen Mannschaften in meiner Gruppe, in der Jugend überwiegend in spielerischer Form

° Optimales Verhältnis zwischen Spielern und Trainer/in

 # Literaturverzeichnis

Claßen, M. / Schnepper, W.:
Taktiktraining im Jugendfußball
BOD 2011

Claßen, M. / Schnepper, W.:
Taktiktraining im Jugendfußball 2
BOD 2012

Claßen, M. / Schnepper, W.:
Pressing mit System
BOD 2012

Schnepper, W.:
Fußballtrainer - Optimaler Weg zum perfekten Coach
BOD 2019

Schnepper, W.:
Fußballtrainer - Psychologie und Basiswissen
BOD 2019

Schnepper, W. / Claßen, M.:
Konter im Fußball
BOD 2013